VENTE

du Jeudi 14 Février 1901

HOTEL DROUOT, SALLE N° 7

A DEUX HEURES

DESSINS ORIGINAUX

PAR

J. BELON

AQUARELLES. AQUA-TEINTES

ET

Peintures

Me Léon TUAL	M. Léon GERARD
COMMISSAIRE-PRISEUR	EXPERT
56, Rue de la Victoire	*18, Rue Drouot*

EXPOSITION PUBLIQUE

Le Mercredi 13 Février 1901

DE 1 H. A 5 H. 1/2

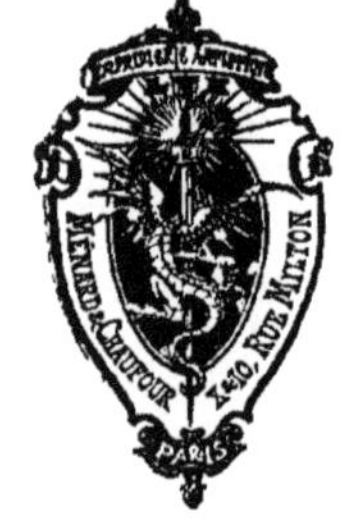

CATALOGUE

DES

DESSINS ORIGINAUX

Humoristiques, Politiques et Satiriques

DE

J. BELON

Ayant paru en partie

DANS

" l'INTRANSIGEANT " et le " CHARIVARI "

Dont la vente aura lieu

HOTEL DROUOT, SALLE N° 7

Le Jeudi 14 février 1901

A DEUX HEURES

Mc Léon TUAL	**M. Léon GERARD**
Commissaire-Priseur	*Expert*
56, RUE DE LA VICTOIRE, 56	18, RUE DROUOT, 18

EXPOSITION PUBLIQUE

Le Mercredi 13 Février 1901

DE 1 H. 1/2 A 5 H. 1/2

CONDITIONS DE LA VENTE

Elle sera faite au comptant, les acquéreurs paieront dix pour cent en sus des adjudications.

NOTA. — L'acquisition des dessins, aquarelles et peintures ne confère pas à l'acheteur les droits de reproduction qui sont réservés.

Paris. — Imp. Ménard et Chaufour, 8-10, rue Milton

Joseph BELON

Tout en notre temps de hâte et de diffusion, aboutit au journalisme. La presse est devenue un reflet exact de l'époque, avec ses arts, ses mœurs, ses querelles. La Tour d'ivoire elle-même s'est ouverte au papier imprimé. Il n'est pas d'idée générale qui ne puisse s'accrocher à l'événement du jour.

C'est ainsi que le dessinateur est devenu un chroniqueur. Cette verve qu'il promène dans la rue et qui s'attache aux passants, à leurs silhouettes, à leurs attitudes, à la comédie quotidienne des citoyens dans la cité, cette verve toujours en éveil, à peine fixée par le crayon, est tirée à des milliers d'exemplaires. Elle vient en aide à la politique et à la satire ou bien elle demeure renseignée et souriante.

L'image frappe souvent plus que l'article. La légende, sous l'image, si elle est juste et saisissante, demeure gravée dans la demi-attention du lecteur et s'y développera plus tard dans l'émotion ou la rêverie. Elle laisse à penser sans fatigue.

Tel est l'avantage, telle est la puissance du dessin dans une époque de précipitation et de fièvre où l'on demande à tout, même à la sensibilité, joie ou peine, une économie de temps, une manière abrégée.

Parmi les chroniqueurs du crayon, Joseph Belon a su se faire une belle place.

Sa vocation date de loin. A l'école des Beaux-Arts, dans l'atelier Cabanel, il collaborait déjà à plusieurs journaux illustrés. Ses premiers dessins humoristiques parurent au *Journal amusant* et au *Charivari*, sous le pséudonyme de *Trick*. Bastien Lepage qui fut ensuite son maître, suivit ses efforts avec attention et encouragea ses débuts. Successivement il collabora à *La Caricature*, au *Supplément* du *Petit Journal*, à la *Patrie*, à la *Chronique amusante*, etc. Actuellement il signe à l'*Intransigeant* des dessins politiques.

Peintre, il débuta au Salon de 1884 avec une scène parisienne remarquée: *Le Camelot*, puis viennent *Embarras de voitures*, *Les Magnanarelles*, *Lutte d'Hommes dans le Midi*, etc.

L'œuvre de ce séduisant artiste est déjà très fournie, très caractéristique. Joseph Belon a le grand don, celui de voir et de faire voir. Son observation, très aiguë, saisit merveilleusement le détail amer et comique. Cela est déjà apparent dans le journal. Cela est saisissant dans les originaux où chaque trait a sa valeur, sa netteté, où tout vient en intensité et en force. On trouve dans la plupart de ces croquis, dont quelques-uns sont très poussés, une compréhension humaine, apitoyée de l'existence, une grande indulgence pour le vice sorti de la misère, un grand mépris pour le vice sorti de la fainéantise et de l'infatuation, une juste dureté pour les durs.

Par là, en Joseph Belon, le dessinateur touche au moraliste. Par là s'explique en lui le désir de participer à la vie de son temps, de dire même son mot et bien à lui, dans les disputes politiques et sociales.

Album précieux pour l'histoire d'un temps qu'il sera instructif de feuilleter plus tard. Du quartier riche au quartier pauvre, du faubourg à l'atelier et du Parlement au salon, ces petits tableaux de nos misères, de nos faiblesses, de nos sottises, rappellent ces chroniques légères qui charment plus les amoureux de la sincérité que de gros volumes de considérations générales ou d'appréciations passionnées.

Car la sincérité est, comme chez les vrais artistes, la grande marque du tempérament de Joseph Belon. Elle anime la moindre, la plus cursive de ces saynètes dont certaines ont tant de relief et de saveur. Elle fait aimer l'auteur et l'œuvre.

Léon DAUDET.

N° 11

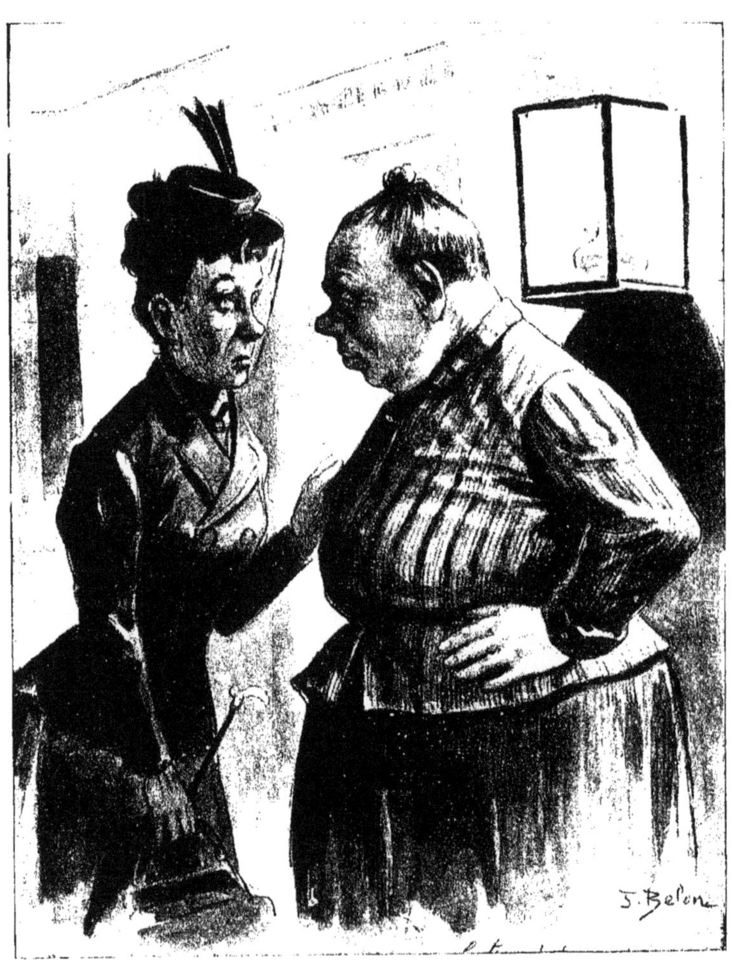

— *Oui madame Lapoire ce monsieur a eu le toupet de me suivre.*

— *Fallait-z'y dire vous m'avez donc pas arregardé.*

DÉSIGNATION

DESSINS INÉDITS (AQUA-TEINTES)

1 — Les Petites voitures.

2 — Au Café des artistes.

3 — « Fus êtes une anche du Pon Dieu ».

4 — Au Moulin-Rouge,

5 — Femme pratique.

6 — Les M'as tu vus (*Aqua-teinte aquarellée*).

7 — Sur la Butte.

8 — Les Chauffeurs.

9 — Le Baiser.

10 — Le « Sans Patrie ».

11 — Concierges.

12 — Pierrot cuisinier.

13 — Le Modillon.

14 — La Payse.

15 — Les Couloirs de l'Hôtel de Ville (*La délégation*).

16 — Chanteurs des rues.

17 — Not' Conseiller.

18 — Les Ramasseurs de mégots.

19 — En civil.

20 — Tête à-Tête.

21 — Anciennes.

22 — Matinée de Florian (*Portrait de la Patti*).

23 — Le Dessinateur de portraits en cinq minutes (*Aquarelle gouachée*).

24 — Les Passages.

25 — Le Loup et l'Agneau.

26 — Devant la loge.

27 — Au Music-Hall.

DESSINS ORIGINAUX

Reproduits dans le journal « L'INTRANSIGEANT »

28 — Henri ROCHEFORT et ses collaborateurs remettant au Président Krüger l'épée de Cronje.

29 — Hommage au Président Krüger.

30 — Au Concours de tir à Satory.

31 — A la Chambre des Communes.

32 — Les Derniers visiteurs de l'Exposition.

33 — Le Crime de Ménilmontant.

34 — Le Gêneur.

35 — Salsou le responsable.

36 — Le Programme de Lens.

37 — A qui la croix.

38 — Le Démembrement de la Chine.

39 — Le Triomphe d'Alexandre.

40 — Le Voyage à Toulouse.

41 — Le Voyage en Corse.

42 — A Auteuil.

43 — Accords des puissances.

44 — A Londres : Le retour des volontaires.

45 — Après le duel.

46 — Au Cambodge et ailleurs.

47 — Un qu'on n'invite pas.

48 — L'affichage.

49 — Police des mœurs.

50 — Ce que nous allons faire en Chine.

51 — La France livrée.

52 — Le Toréador.

53 — Le Fossoyeur.

54 — Au Ministère du Commerce.

55 — A la gare du Nord.

56 — L'Eclipse du 28 mai 1900.

57 — Libre discussion.

N° 24

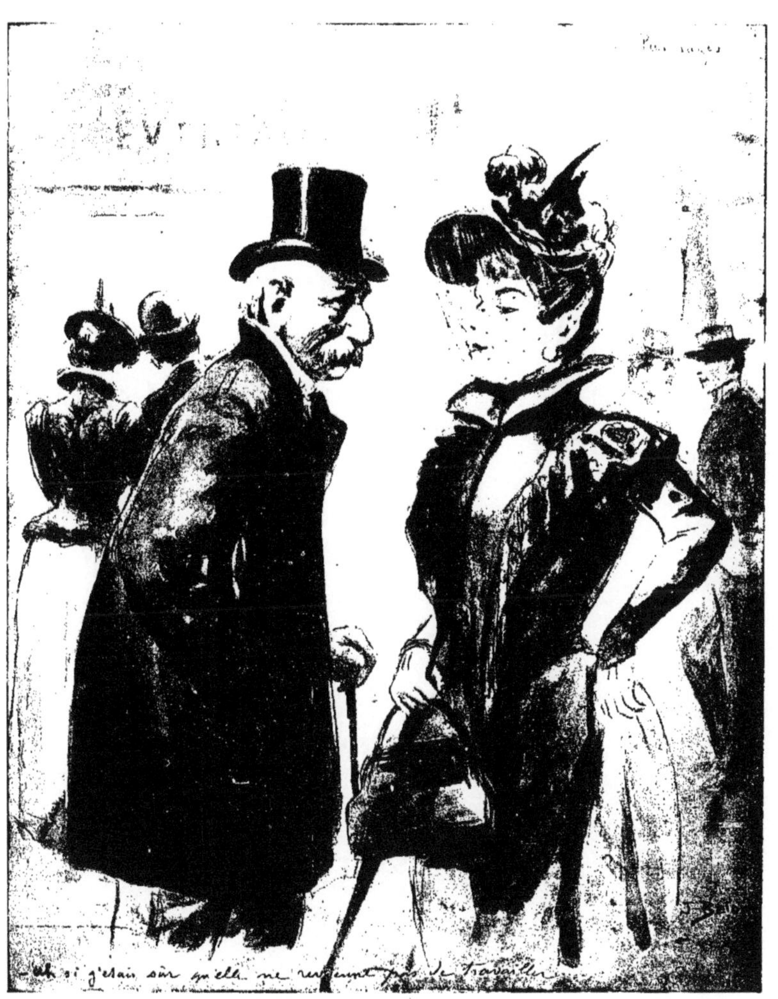

— *Ah ! si j'étais sûr qu'elle ne revienne pas de travailler !*

83 — Les Rafles.

84 — Paysannerie.

85 — Dégustation.

86 — L'Exposition prolongée.

87 — Aplatissement.

88 — La Question de Terre-Neuve.

89 — L3 Croix des sauveteurs.

90 — Déception.

91 — Le Microphone.

DESSINS ORIGINAUX

Ayant été reproduits dans le journal « Le Charivari »

92 — En Abyssinie.

93 — Au Service anthropométrique.

94 — Le Journal pour tous.

95 — A propos de l'Affaire.

96 — Faut-il supprimer le corset, oui ou non?

97 — En Été.

98 — Exemple à suivre.

99 — Le Progrès.

100 — Sur le théâtre de la Guerre.

101 — Leçon de snobisme.

102 — Les Assistés.

103 — Le Général Mercier (*Portrait-charge*).

104 — Le Sacre de François Coppée (*Portrait-charge*).

105 — Les renforts pour l'Exposition.

106 — A la Salle d'armes.

107 — Avant l'ouverture du Parlement.

108 — Devant l'Électeur.

109 — Le Député aux champs.

110 — Ecce homo.

111 — Les Troubles à Paris.

112 — Esthétique.

113 — Ils n'en ont pas en Angleterre.

114 — L'Affaire et la rue.

115 — Les Images d'art dans les Ecoles.

116 — Les Femmes en 1900.

117 — La Dislocation aux colonies.

118 — Deux généraux anglais.

119 — Agents musicaux.

120 — Dix ans après.

121 — Conciliation.

122 — La Semaine des achats.

123 — La dernière médaille du graveur Roty.

124 — L'Epandage des eaux.

125 — Mule s'envole.

N° 25

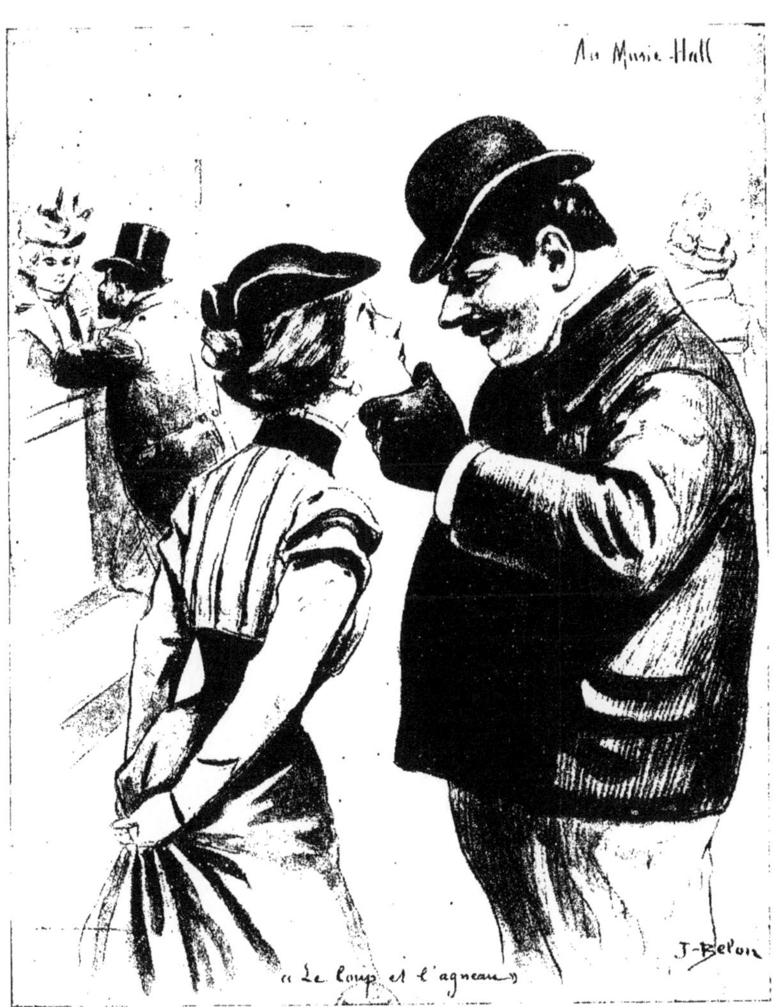

Le loup et l'agneau.

DIVERS

147 — Ecole des infirmières à la Salpêtrière.

148 — Trompette de trompé.

149 — Paris joyeux.

150 — Au Jardin de Paris.

151 — Les Joies du cyclisme.

152 — Programme d'inauguration de l'Hippodrome.

153 — Au Fort Chabrol.

154 — Procédés anglais à l'égard de leurs prisonniers de guerre.

DESSINS INÉDITS

155 — Marcel Habert (*Portrait-charge.*)

156 — Les Femmes collantes.

157 — En Provence (*Gouache*).

158 — Recommandations.

159 — Courte et bonne.

160 — M. Picard-Hamlet (*Portrait-charge*).

161 — Englisch Tailor.

162 — Monsieur le gérant.

163 — Membre de l'Institut.

164 — Le Crayon libre.

165 — Les Débutantes.

166 — Restaurant de nuit.

N° 27

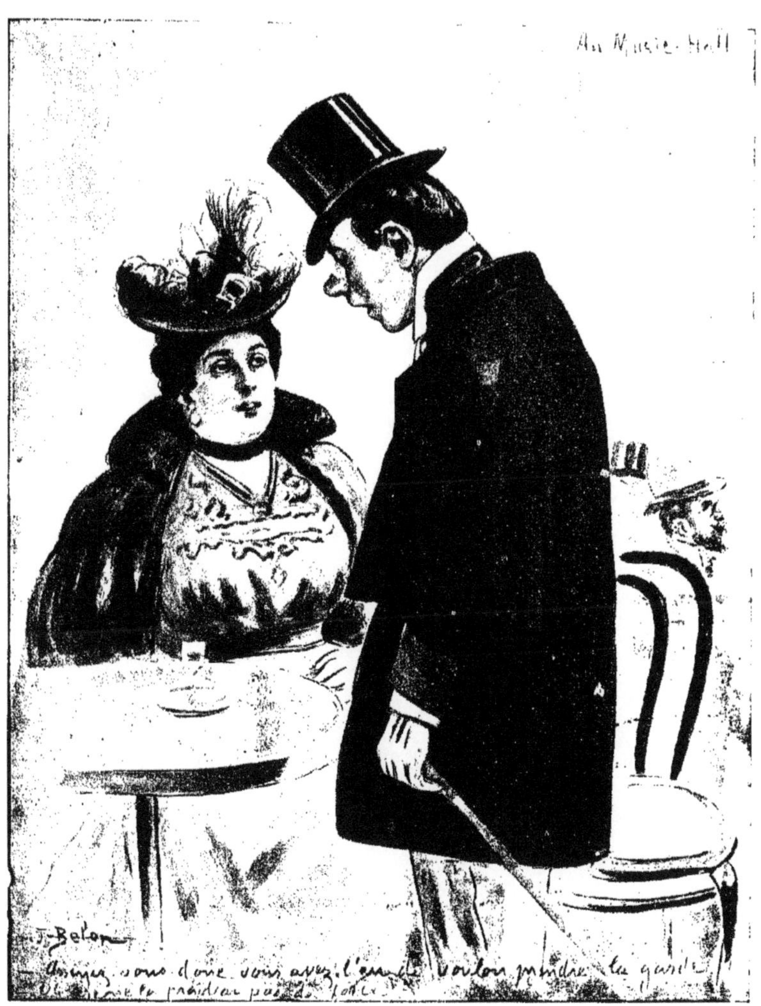

— *Asseyez-vous donc, vous avez l'air de vouloir prendre la garde.*

— *Oh, je ne la prendrai pas de force.*

167 — Petits potins.

168 — Coucou ! Qui est là ?

169 — Indignité.

170 — Les Réservistes.

171 — Extra-muros.

172 — Quart de demi-mondaine.

173 — Monsieur le directeur.

174 — La Grande faucheuse.

175 — Cirque politique (*Dessin aquarellé*).

176 — Langage de fleuriste.

177 — Chicard à l'Opéra.

PEINTURES, AQUARELLES, AFFICHES (PROJETS).

PEINTURES

178 — Sur la terrasse du Casino.

179 — Un Hameau.

180 — Vue de Sanary (*Var*).

181 — Sous bois à Fleury.

182 — Etang de Fleury.

183 — Réception du Président Krüger à l'Hôtel de Ville (*Esquisse*).

AQUARELLES

184 — Le Lieur de gerbes.
185 — La Gardeuse de chèvres (*Gouachée*).
186 — Retour du marché.
187 — Au Bas-Meudon.
188 — Coin de village.
189 — Environs de Paris
190 — Jardin de Monaco.
191 — Ballet de la Mouche d'or (*Aquarelle gouachée*).
192 — Château au crépuscule.
193 — La Fermière.
194 — Sur la colline de Garches.
195 — Coin de ferme (*A Rives*).

AFFICHES (PROJETS)

196 — La Vie au Pôle Nord.
197 — Projets pour le Moulin Rouge.
198 — Autre projet.

www.ingramcontent.com/pod-product-compliance
Ingram Content Group UK Ltd.
Pitfield, Milton Keynes, MK11 3LW, UK
UKHW020532180726
13839UKWH00005B/2463

9 782329 513553